ÉTUDE

—

BERCY

VILLE INCONNUE

A TROIS KILOMÈTRES DE NOTRE-DAME

Par X...

HOTE DU LIEU

PARIS

GOSSELIN, LIBRAIRE-ÉDITEUR

17, Boulevard de Sébastopol (rive droite).

—

1866.

BERCY

VILLE INCONNUE

A TROIS KILOMÈTRES DE NOTRE-DAME

I

AU LECTEUR

Qui n'a entendu le nom de Bercy, la ville des vins, qui renferme plus de tonneaux que Gargantua n'en aurait vidé en cent ans, Bercy, la grande coupe rouge où Paris boit ? Quand vous passez par une belle après-midi sur le pont du Jardin des Plantes, et regardez au loin sur la Seine qui, large, recueillie, vient d'entrer dans la cité-mère, c'est bien Bercy qui s'allonge là-bas, vers le sud, brillant; incendié par le soleil, sur la rive droite du fleuve; c'est Bercy toujours que vous apercevez dans les beaux soirs, tout là-bas encore, sommeillant, échoué sous les brumes argentées, dans un paysage vénitien. Mais, si vous n'êtes point l'un de ses hôtes, et de ses hôtes anciens, quand vous auriez monté et descendu cent fois son Port, traversé ses Cours, pénétré dans ses magasins sombres, bas, frais comme un verre plein d'eau; quand, cent fois, je vous le dis tout bas, vous auriez sacrifié, en ses restaurants, au dieu qu'il adore et seriez rentré en votre logis, chancelant comme un prêtre de Cybèle, en vérité, Bercy est pour vous une terre étrangère. Écoutez donc et instruisez-vous, — si bon vous semble.

II

LE SITE — LE LIEU — SES ORIGINES.

Bercy (non pas le Bercy-commune) est, à proprement parler, un énorme magasin bâti entre le pont dit pont de Bercy et le pont Napoléon, entre l'ancien boulevard extérieur et les fortifications, vers Charenton. Il borde la rive droite de la Seine sur une longueur de quinze cents mètres environ et une profondeur de trois à quatre cents. Si l'on ajoute à ce grand chantier commercial un mince quartier enclavé par les dépendances de la gare de Lyon, la rue et le boulevard de Bercy, quartier de petits marchands, pressé, mort, sans arbres dans ses rues étroites, on aura en aperçu le théâtre relativement restreint où se nouent, se dénouent, s'intriguent les affaires qui dispersent des sommes incalculables en des milliers de mains et paient aux Trésors de l'État et de la Ville, deux abîmes, cinquante millions tous les ans.

Ainsi donc, Bercy est un magasin, non pas un magasin comme d'autres, mais unique, inextricable, à ciel ouvert, bordé de maisons qui logent une population de dix mille âmes, renfermant en son sein des milliers de magasins particuliers, des rues spacieuses plantées d'arbres qui lui donnent l'aspect d'un parallélogramme de maisons blanches encadrant une forêt verte. Borné au nord par son boulevard, au sud par la rue Grange-aux-Merciers, au delà de laquelle il n'y a plus guère que les fortifications précédées par les docks magnifiques que la compagnie du chemin de fer de Lyon vient de construire dans l'attente de l'ouverture du canal de Suez; parcouru sur son flanc gauche par la Seine, sur son flanc droit par la longue rue qui porte son nom, Bercy présente l'aspect régulier et isolé d'une forteresse, et c'en est une, en effet : c'est la citadelle aux écus, autour de laquelle les soldats en tunique verte, en casquette de cuir bouilli du préfet de la Seine, font bonne garde.

Si, maintenant, il vous plaît de faire le tour du parallélogramme, suivez-moi. Partons de la grève du fleuve, vers le sud, et montons cette rue Grange-aux-Merciers, la dernière rue de

Paris, de ce côté. De larges barrières en fer, qui donnent accès vers l'intérieur de la place, s'ouvrent çà et là ; des maisons vieilles, basses, décrépites, reliées entre elles par des murs, bordent la voie et servent de logis à la population des ouvriers tonneliers qui ont de petits gages et de la famille. Des loques pendent aux fenêtres ; des enfants à demi vêtus crient, jouent sur les portes, s'amusent à rouler des fûts vides. Une voiture, chargée de vins, qui arrive ou s'en va, donne seule, de moment en moment, quelque vie à ce quartier lointain. — Nous avons tourné à gauche, et nous sommes engagés dans la rue de Bercy. Rien de particulier. C'est la physionomie d'une ville de province, à cela près que nous ne rencontrons guère de maisons de rentiers. Les boutiques de fruitiers, les petits restaurants, les établissements de marchands de vin en détail se pressent. On sent qu'une population nombreuse s'alimente là, mais n'y vit pas. En effet, elle est à son travail dans les Cours et dans les ateliers de la gare de Lyon, que l'on entend bruire à droite, au milieu du sifflement des locomotives, des coups de tender et du roulis sonore des trains sur les rails. — A mesure que nous allons vers le nord, le mouvement, la rumeur, augmentent, comme si nous entendions de plus près respirer Paris. Il n'y a plus à notre droite d'autres bâtiments que ceux de la gare. Arrêtons-nous. Voyez. Deux grandes sorties dégorgent sans trêve sur le pavé la file non interrompue des *haquets*, ces véhicules spécialement construits pour le transport des boissons, longs, étroits, moelleusement portés sur de solides ressorts. Les *haquets* viennent de chercher aux docks d'arrivée les vins qu'ils s'en vont porter maintenant par les différentes Cours. Ils s'engagent dans ces Cours, pénètrent dans les rues qui conduisent au port. Leur roulis, les cris des charretiers, les fouets qui cinglent l'air, les groupes amassés autour des chevaux qui s'abattent, les piétons qui traversent en courant, les voitures de place empêchées d'avancer, tout cela fait une somme inappréciable de bruits étourdissants et de scènes sans nombre. — Voici le boulevard ; allons à gauche. Il n'y a là, sur toute cette face de Bercy, qu'une foule de magasins bas ; passons devant eux en nous hâtant. — Vous avez déjà parcouru trois des côtés du parallélogramme ; il vous en reste un à voir, le plus curieux. Tournez l'angle du boulevard, en redescendant vers le sud : voilà le Port ! Jusque-là, vous n'avez visité, et en partie seulement, que les arrière-fonds du théâtre ; le Port, c'est la scène en pleine action. La ligne des maisons ; une rue pavée de quinze mètres de largeur ; entre cette rue et le fleuve, une grève couverte de vins et descendant en pente douce vers l'eau : tel est l'aspect général. Maintenant, considérez sur la lisière du pavé et de la grève, de la Berge, comme l'on dit, cette longue ligne en zig-zag de guérites et de bureaux, où veillent et travaillent les employés de l'octroi, de postes pour les gardes de Paris, de baraques où se tiennent les voituriers, attendent qu'on ait besoin d'eux, de tentes où stationnent les négociants guettant leurs pratiques; regardez, sur le pavé de la rue, ces tonneaux qui roulent, ces haquets qui arrivent ou s'éloignent, que l'on charge ou que l'on décharge, ces omnibus amenant et remportant une population sans cesse renouvelée, et, au milieu de cela, cette fourmilière d'hommes affairés, en quête de clientèle, allant et venant, une tasse d'argent et un foret à la main, piquant les fûts, goûtant les vins ; voyez planer au-dessus de ces choses et de ces hommes les maisons irrégulières, hautes, basses, à toits penchés, à plate-forme, bariolées d'innombrables enseignes, enseignes de restaurateurs, enseignes de négociants, enseignes de courtiers, en lettres dorées, en lettres bleues, en lettres vertes, grandes, petites, de toutes formes ; enfin, cette mosaïque dont la place Notre-Dame-des-Victoires est peut-être l'archétype : tout cela c'est le Port.

Nous vous avons fait voir Bercy à la hâte, tout superficiellement, nous étant bien donné de garde de vous introduire encore au cœur de la place; disons présentement un mot de ses origines.

Il y a bien longtemps que l'on ne distinguait à Paris que trois vins : vin français, vin de Bourgogne, vin de la Loire, lesquels avaient chacun leur port séparé : la Grève, l'Etappe, la Halle. L'Entrepôt tient amplement lieu de ces vieux marchés. Quant à Bercy, dont l'origine est sans doute moins ancienne, d'autres vous diront comment le commerce des liquides s'y développa peu à peu pour prendre tout à coup une grande extension, vers 1804, je crois. Nul doute que les curieux ne trouvent dans les archives municipales de l'endroit une série d'arrêtés bien et dûment numérotés, chiffrés et échelonnés à leur heure sur la route du temps. J'aime mieux vous rapporter une histoire que les anciens tonneliers racontent parfois aux nouveaux venus de la Bourgogne et de la Loire, lorsque, dans les grandes occasions, ils devisent entre eux, buvant à la ronde les vins du pays, et mangeant l'une de ces matelotes de carpes et d'anguilles de Seine dont l'assaisonnement et la cuisson sont leur secret. Les grandes cités ont, à l'ordinaire, une légende dans leur berceau, n'est-ce pas ? Eh bien ! Bercy a la sienne, et c'est certainement justice.

Il y a quelque cent soixante-dix ans, un vigneron des envi-

rons d'Auxerre avait pris l'habitude d'acconduire ses vins à
Paris. C'était un paysan aventureux, fort, cité au loin pour sa
taille, qui était de sept pieds. Tous les ans, vers la mi-octobre, il
arrivait et s'installait avec ses fûts, en plein vent, au bord de
la Seine, à deux pas de la route de Bourgogne. Les bourgeois
des quartiers environnants venaient à lui et achetaient. Le vigneron avait quitté son logis avec la charge de ses deux chevaux seulement, mais un sien neveu l'accompagnait toujours,
qui s'en retournait au pays avec le véhicule chercher d'autres
barriques, pendant que l'oncle se débarrassait des premières :
cela durait tant que le cellier renfermait des vins à vendre. Qui
attirait ainsi le brave homme à Paris? Gain ou plaisir? La chro-
nique n'en dit rien. Ce que l'on sait, c'est que marchands en
gros et marchands en détail des environs, qui payaient de gros
droits aux Aides et désiraient tenir leurs marchandises à haut
prix, voyaient d'un mauvais œil le trafic du Bourguignon qui,
apparemment, cédait les siennes à meilleur compte. On l'inju-
riait, on le molestait de toutes manières. Sans nul doute, il
était bon chrétien, car il allait, chaque dimanche, se consoler
de ces ennuis aux offices de Notre-Dame de Bercy.

Or, il advint qu'un jour Louis de France, XIV° du nom, par
je ne sais quelle fantaisie catholique et royale, vint assister à
la messe de paroisse que le géant pratiquait dévotieusement.
Ce fut grande fête, solennel majeur, remue-ménage à la sa-
cristie, vous le pensez bien. Les moments de l'office où l'assis-
tance se lève, ceux où elle s'assied d'habitude, avaient été sup-
primés; que le prêtre récitât le *Credo* ou entonnât le *Sanctus*,
les gens de Bercy se tenaient respectueusement à genoux devant le roi plus que devant Dieu. Or, en promenant ses yeux
sur la foule prosternée de ses sujets, le roi remarqua, au-dessus
de toutes ces têtes courbées vers la poussière, la tête et le buste
d'un fidèle qui, évidemment, se tenait debout. Sans doute ceux
qui s'appliquaient à surprendre un désir des yeux de Louis y
lurent distinctement la surprise sinon la colère. Le suisse, à un
signal de son pasteur, alla vers cet homme qui osait bien ne
pas user ses culottes sur les dalles. Celui-là n'était autre que
notre Bourguignon, mais on le trouva respectueusement posé
sur ses genoux et marmottant ses prières. On ne pouvait lui im-
puter à crime d'avoir la taille de Goliath, en face du roi l'oint
du Seigneur, comme David.

Après la messe, Louis se fit amener le géant qui, en véritable
paysan avisé, profita de la circonstance pour se plaindre des
tracasseries qu'il essuyait de la part des marchands de l'endroit. Le monarque lui jura qu'elles cesseraient et l'autorisa,

séance tenante, à venir vendre et débiter tous les ans ses vins sur la grève de la Seine, comme il le voudrait et en pleine franchise de droits. Le Bourguignon n'eut garde de ne pas user de cette charte royale; il fonda un établissement fixe, y installa sa parenté et grandit en fortune. De là Bercy.

Si vous ne pouvez mettre les archives municipales d'accord avec cette histoire, c'est très-regrettable, évidemment, mais moi je vous affirme qu'elle est... très-ancienne. Il me revient d'ailleurs en mémoire un trait qui prouve en faveur de ma légende, et que l'on raconte ici à satiété.

Un Bourguignon revenait de Paris.

« Tu r'viens d' Paris ? » lui dit l'un de ses voisins.

« Oui !

« As-tu vu l' Ré ?

« Mais oui !

« Ch'est'y un homme ? »

Assurément c'était le géant que l'on interrogeait ainsi, puisqu'il avait vu, et, qui plus est, parlé à cet être qui, vous le voyez, était cru d'étrange race et espèce.

Quoi qu'il en soit de ses origines, Bercy est le premier marché de vins du monde. Voyez comme il est solidement assis sur la rive de la Seine, large et profonde devant lui, en amont de la ville, comme s'il allait au-devant des eaux du fleuve qui lui amènent les richesses des contrées qu'il arrose ! N'est-ce point pour lui que le chemin de fer de Lyon, auquel il s'adosse, traverse toute la Bourgogne, descend la vallée du Rhône, touche la mer, plonge par son embranchement de Tarascon dans le pays des Etangs, le Languedoc, le Roussillon, passe en sifflant au pied de ces milliers de coteaux, criant qu'on lui apporte les vins que l'été y fit mûrir ? N'est-ce point encore pour Bercy que le chemin de fer d'Orléans, dont les chantiers s'étendent en face, de l'autre côté de la Seine, va faire sa riche récolte à travers l'Orléanais, les contrées de la Loire, les Charentes, pays des grandes eaux-de-vie, et les crus sans rivaux du Bordelais ? Des raisons fiscales ont mis en balance l'existence de Bercy, mais elles demeureront vaines. Il ne peut, si impérieuses que soient ces raisons, être ni supprimé, ni déplacé ; ce serait tout un, parce qu'il existe par sa position même qui, évidemment, est immuable.

III

LES COURS — LES MAGASINS.

Bercy, et c'est surtout ce qui lui donne une physionomie à part, est, dans toute sa longueur, coupé par des voies parallèles et peu espacées, allant de la rue qui longe la gare de Lyon au Port. Quelques-unes, en fort petit nombre, sont entièrement publiques, livrées à la circulation de tous et à toute heure; les autres ferment chaque soir leurs portes et leurs grilles de fer. Elles se désignent par trois noms qui, à Bercy, sont à peu près synonymes : rues, enclos, cours. Le mot Cour est l'appellation générale. On dit de quelqu'un : Il est dans les Cours. Leurs noms rappellent les grands vignobles de France, leurs propriétaires anciens ou nouveaux, les arbres qui les plantent, les pays de naissance de la plupart des hommes qui les fréquentent : rues de Bourgogne, de Bordeaux, de Mâcon, Cours Beaujolais, Boutet-Delisle, des Platanes, enclos des Mâconnais, etc., etc. Cela dit, pénétrons dans l'une d'elles; ce sera assez pour qu'on se les figure toutes.

La voie est pavée. A droite et à gauche elle se déprime pour former ruisseau et donner passage aux eaux des pluies et aux eaux plus abondantes employées dans la manutention des vins. Des arbres, presque partout magnifiques, des marronniers comme dans la rue de Bordeaux, des peupliers comme dans la rue de Mâcon, des platanes comme ailleurs, s'élèvent aux deux côtés de la cour, la couvrant de leur ombre, elle et les magasins qui la bordent. Les arbres étendent leurs bras sur ces magasins à toits bas, à deux pans très-larges de tuiles ou de toiles goudronnées et peintes en rouge; puis ils montent, émondés à une grande hauteur du côté de la voie; mais, au-dessus, leurs têtes se marient et donnent à la Cour, dans les belles saisons, l'aspect d'une charmille immense, d'une allée couverte comme on en rencontre peu dans des parcs même royaux. Sous ces ombrages qui protègent les travailleurs contre le chaud, la pluie, le vent, qui protègent les vins contre le soleil qu'ils empêchent d'en trop boire, représentez-vous un mouvement perpétuel de voitures, deux lignes de bureaux, une pompe de place en place, d'innombrables fûts pleins ou vides, de toutes contenances, dispersés çà et là ou empilés contre les troncs des arbres, six par six, trois pièces en fond, sur terre, puis deux, puis une, formant un groupe que l'on nomme d'un joli nom : *un bouquet.* Tandis que des chals magnifiques dorment de toutes parts sur les toits, les travailleurs sont à l'œuvre, avec la blouse bleue et courte, la cotte, le grand tablier de forte toile brune ou de cuir. Les voilà qui remplissent et préparent les pièces que les voituriers vont charger et emporter, qui rincent les futailles à grande eau en faisant rouler dans le ventre des douves une chaîne de fer, qui y introduisent la mèche de soufre allumée qui leur ôtera tout mauvais goût, qui collent les vins afin de les clarifier. On entend le maillet des tonneliers, réparant plus que faisant à neuf, car presque toutes les futailles viennent des pays de production. Comme sur le Port, les marchands et les courtiers sont occupés à faire goûter les vins aux clients. Laissons-les faire, et quittant cette foule et ce tapage, entrons dans les magasins.

D'étroites claires-voies, ménagées çà et là, en petit nombre et haut percées, jettent un jour faible et terne dans les couloirs, c'est-à-dire dans l'espace forcément laissé vide entre les rangs des pièces. D'énormes poutres vermoulues vont d'un mur à l'autre ; le long de ces murs les larves se forment et demeurent attachées, l'humidité suinte entre les pierres, des mousses gluantes, informes, poussent dans l'ombre. L'araignée tend ses toiles dans les coins, sous les toits, partout où pénètre un peu de lumière. — Ne vous effrayez pas de cette descrption très-réelle : les magasins les plus sombres et les plus frais sont les meilleurs. N'allez pas surtout croire que des celliers de si triste aspect se louent à bon compte. Il s'en faut. Les vins posent sur des chantiers de bois de chêne posant eux-mêmes sur des barres transversales dites pittoresquement *semelles*, autrement l'humidité pourrirait les cercles et les douves des fûts qui s'ouvriraient, multiplierait les *coups de feu*. On nomme *travée* l'espace occupé par deux chantiers soutenant en moyenne, car tous les magasins ont à peu près la même profondeur, cinquante-deux pièces, soit cent quatre pièces. Eh bien, dans toute la partie commerçante de Bercy, c'est-à-dire entre le boulevard et la rue Gallois, la *travée* se loue trois cent cinquante francs par année. Il est des maisons qui paient des vingt mille francs de celliers, et l'étendue et le nombre n'en sont pas très-grands pour une pareille somme, soyez-en sûrs.

Mais regardez dormir dans leurs fûts disposés, *gerbés* en rangs égaux, ces vins auxquels Henry Heine fait honneur de tout l'esprit des Français. Au premier coup d'œil jeté sur eux on connaît leur provenance, car ils ont chacun la jauge des pays où ils furent récoltés. Voilà la pièce *Bordeaux* de 225 litres bien faite et solide entre toutes, avec ses deux barres transversales plates et larges, une seule parfois, ses dix-huit chevilles soutenant les barres; la *Marseille*, qui imite la précédente, mais dure moins et ne contient que deux cent vingt litres; la *Mâcon*, bien établie, ferme, sans barre, renfermant vaillamment ses deux cent quatorze litres; la futaille *Cher*, de deux cent cinquante litres, mal assise, avec sa barre mince, sa *commande*, dolée à coups de hache, ses douves, mal jointes, dont on a bouché les interstices avec des roseaux de la Loire; les fûts de l'Orléanais, qui rappellent les *Cher*, mais sont plus petits; les fûts d'Auvergne, de deux cent dix litres, laids et ne durant guère; les fûts de l'Anjou, qui ressemblent aux pièces d'artillerie de la première période, lesquelles n'étaient souvent que des douves de bois durci et préparé, cerclées de fer. Voilà la feuillette des vins blancs de Chablis, et tenant cent trente-cinq litres, le quart Mâcon de cent sept litres, le quart Bordeaux de cent quatorze, et la *Beaune* de deux cent trente, et les jauges du Midi, les *Tavels*, les *Montagnes*, dans des fûts de trois cent cinquante litres, que l'on nomme *Tambours*, les *Roussillon* et les *Narbonne* dans des demi-muids de cinq cent cinquante litres ou des pipes de six cent cinquante, etc., etc. Combien n'en citerait-on pas encore, depuis le baril de cinq litres, dans lequel on expédie de l'eau-de-vie dite fine champagne, jusqu'au foudre qui contient deux cents pièces?

Tous ces vins sont là, attendant l'acheteur, mais bien peu seront bus tels que le vigneron les porta du pressoir au cellier. Les droits sont énormes à payer à la régie et à la ville : 20 fr. 60 c. par hectolitre, Suresnes ou Chambertin; il faut que le vin puisse supporter de l'eau, que le détaillant qui vient acheter 60 centimes le litre à Bercy, puisse revendre avec bénéfice 80, 70, et même 60 centimes dans Paris. Ne remarquez-vous pas, vers la porte ou dans un coin du magasin, cette auge énorme, en bois, longue de cinq mètres, large de trois, haute de deux, munie dans tout son pourtour de gros robinets de cuivre portant à leur col un entonnoir? C'est la cuve! c'est la chaudière magique où l'on opère à toute heure, au grand jour, des miracles plus utiles que ceux des frères Davenport. Vous vouliez un vin qui eût tel goût, que l'on vous vendît tel prix, que vous pussiez livrer à tel autre en gagnant et en contentant vos pratiques. Le courtier (c'est là sa science principale) a rempli plusieurs fois sa tasse d'argent à différents fûts de différents vins; il a mêlé le tout dans une carafe en verre. — Est-ce là le goût, la couleur, ce qu'il vous faut? — Maintenant c'est le tour du premier garçon. Allons, les hommes, appliquez les poulains à la cuve, montez les pièces pour le *coupage!* Autant de tasses, autant de fûts, autant de vins divers. — Les pièces coulent à pleine bonde, le vin bouillonne; on entend crépiter son écume rouge et blanche; les fumets variés montent à la tête. A mesure que la cuve se remplit des hommes penchés sur elle agitent la liqueur avec une perche de fer. Les esprits des vins se marient; le Cher colore le Tavel, le Tavel prête sa force au Cher, le Roussillon perd son goût âpre et alcoolique dans les vins du Centre, de la Bourgogne, et leur communique ses vertus; le Nord, l'Est, l'Ouest et le Midi s'unissent jusqu'à ce que la fusion soit opérée et complète. — Le coupage est fini. — Préparez les pièces, appliquez à la bonde le goulot de l'entonnoir qui pend aux robinets. — Tout est-il prêt?... Tournez les robinets. — En quatre minutes et demie dix pièces sont pleines; encore dix minutes et elles seront chargées sur les haquets et rouleront vers Paris.

De grâce, cependant, ne vous imaginez pas que tous les vins de Bercy doivent nécessairement passer par la cuve. Ce serait dommage, assurément. Non, outre les maisons, peu nombreuses, il est vrai, qui ne vendent que les grands vins, il n'est pas de maison qui se respecte où ne se trouve un cellier bien clos, bien seul, où peu de personnes entrent, le *caveau.* Dans ce *buen retiro* reposent, au milieu du silence, d'une ombre épaisse, car les murs n'ont même pas de claires-voies, quelques pièces qui, lorsque la lumière de la chandelle de suif, la seule qu'elles voient jamais, tombe sur elles, apparaissent tranquilles, moussues, graves, joyeuses aussi. Les espèces les plus recherchées sont en elles; si le foret les frappe, il en jaillit une liqueur de pourpre et d'or. Elles se renouvellent rarement; c'est à peine si, de temps à autre, à de longs intervalles, on vient en marquer une pour un riche gourmet ou un restaurateur de renom. Elles vieillissent sans que l'on y touche, à part les époques du *soutirage* où on les débarrasse de leur lie, et où les employés et les amis de la maison en boivent bien aussi quelques tasses, à part encore les moments où elles appellent des soins, car les saisons agissent sur elles comme sur la vigne, les pampres et les raisins du coteau, tant il est vrai que tout vit dans la nature, que la mort n'est que relative, n'est qu'un changement et qu'un nom.

IV

HABITANTS DE BERCY — MÉTIERS DIVERS — MŒURS — ÉPISODE :
UN VIGNERON DE LAMARTINE.

Nous estimons la population de Bercy, le Bercy flottant bien entendu, des Cours et du Port, à sept mille âmes. Or, parmi ces sept mille personnes, c'est la Bourgogne qui en fournit le plus grand nombre, et de beaucoup. Les Bourguignons dominent. Ne les confondez pas avec les Mâconnais, les Mâconniaux, comme l'on dit; ils savent se distinguer, n'en doutez pas, en dépit de la vieille division des provinces qui les mettait sous le commandement d'un même gouverneur, depuis qu'ils avaient tous appartenu à la domination du Téméraire et de ses quelques prédécesseurs. Le Mâconnais, reconnaissable à ses traits et à ses cheveux plus bruns, déjà du Midi, passe pour irascible, exclusif, méchant même; le Bourguignon pour entêté, rancunier, fier; au demeurant les deux races sont courageuses et unies, malgré des disputes fréquentes. On distingue aussi les hommes des pays de la Loire, de l'Orléanais principalement; on les nomme *guêpins*. Ceux-là sont moins nombreux que les Bourguignons et les Mâconnais, mais ils sont vaillants, excellents, très-bons tonneliers. A côté de ces trois groupes on rencontre des hommes venus des différentes contrées vinicoles, et même des provinces de l'Est et du Nord, mais ils sont isolés, ne forment plus compagnonnage étendu, Nation, pour ainsi dire. Citons encore les hommes de Paris ou des départements limitrophes de la Seine. Beaucoup d'entre eux ne sont guère que des manœuvres, ignorants qu'ils sont souvent de la manutention des vins; mais ils sont intelligents, actifs, et il en est qui dirigent les principales maisons d'eaux-de-vie de la *place*.

Disons ici, en passant, que l'on établit à Bercy une grande différence entre les hommes qui ne sont que travailleurs et ceux qui sont tonneliers. Cependant, depuis quelques années, on a semblé moins faire attention à cette distinction capitale, ne regarder qu'à la force, et les tonneliers se plaignent. Cette négligence fâcheuse tenait à une cause facile à apercevoir. Une suite de mauvaises récoltes, en rendant les futailles abondantes et, par suite, plus chères aux pays de production, diminuait l'utilité des hommes aptes à les réparer et à les refaire dans les magasins. Mais la riche récolte de cette année va, sans nul doute, donner fin à cet état de choses, rendre aux tonneliers leur importance; et c'est justice qu'un métier, presque un art, qui demande un long et coûteux apprentissage, une pratique ancienne, de l'adresse, un coup d'œil intelligent et prompt, toute une série de connaissances, ne tombe pas dans l'abandon. Il n'est pas équitable que les négociants ne fassent pas une situation meilleure aux tonneliers qu'à une multitude d'hommes qui remplissent, envahissent de plus en plus les magasins, travaillent à bon compte, parce que ce métier leur a paru plus agréable et plus lucratif que leur métier véritable, qu'ils aient été maçons, rouliers, maréchaux-ferrants, bouchers, perruquiers même, car l'on trouve de ces derniers.

Toute cette population s'enrégimente et travaille par maisons sous les ordres des *premiers garçons*. Les *premiers garçons* sont de deux sortes : ceux qui dirigent seuls un petit magasin et ne prennent d'aides qu'aux jours d'une besogne importante, tels qu'à l'époque des principaux arrivages, en novembre et en mars, ou des soutirages ; ceux qui occupent cette position dans les maisons qui nécessitent toute l'année un personnel nombreux. — Le *premier garçon* ne reçoit d'ordres que du *patron* en personne, ou parfois de son premier commis, si premier commis il y a. Au reste, il préside à son gré la distribution du travail, les diverses *équipes* ; il sonne l'heure des repas, se lève quand l'heure de la besogne est revenue. Il loue (on dit *embaucher*) les hommes et les renvoie presque sans appel. Le premier venu au magasin, il s'en retourne le dernier. Déjà, tout est rentré dans le silence que l'on aperçoit encore, dans l'ombre, une lumière allant de couloir en couloir, de cellier en cellier, de fût en fût. — C'est le *premier garçon* qui fait sa ronde et s'assure qu'aucune pièce ne fuit. Il n'est pas payé à la journée comme la plupart de ses ouvriers, mais par appointements fixes, qui varient de 150 à 250 francs par mois, non compris les étrennes en janvier et aux inventaires que les maisons font tous les ans, afin de connaître leur position commerciale. De plus, il a mille profits : les jaunes d'œufs que l'on vient acheter par les Cours pour le travail des peaux, car les blancs seuls servent au collage ; les lies cédées aux *pressureurs* qui en font du vinaigre, du vin, si faire se peut ; les résidus (plusieurs barils) des milliers de chandelles de suif que l'on brûle dans ces magasins où l'on ne voit goutte ; il a encore une remise sur les vaisseaux qu'il vend lui-même aux marchands de futailles, remise qui varie selon la jauge et l'espèce. Tous ces profits réunis donnent à ces places une valeur de 3,000, 5,000, jusqu'à 8,000 francs par an.

Les hommes d'*équipe* gagnent en moyenne quatre francs par jour. De plus, dans la presque totalité des maisons, ils ont le droit, outre le vin qu'ils boivent aux repas dans le magasin, d'emporter chaque soir une bouteille pleine ; ceux qui n'ont pas ce droit le prennent. Les heures de travail sont de six heures du matin à sept heures du soir en été, de sept heures du matin à cinq heures du soir en hiver.

»Ces hommes sont jeunes, gais, intelligents comme le vrai peuple, celui qui est resté lui-même, infiniment supérieur aux individus qu'une demi-instruction a bien plutôt faussés, diminués qu'élevés ; car il semble qu'en ces personnes les vertus natives, les instincts vifs, la fleur de l'esprit français, aient disparu, étouffés sous ces quelques connaissances mal digérées. — Les plaisanteries d'un bon sel, les reparties joyeuses, les bons tours sont à l'ordre du jour dans les Cours de Bercy. Les noms même des ustensiles de travail révèlent de l'imagination et de l'observation. — Cet échafaudage portatif et cintré, grâce auquel les *poulains* montent les fûts jusqu'au haut des travées, c'est un *tabernacle*. Cet ustensile, accroupi à terre, formé de deux pièces de bois soudées ensemble par de fortes chevilles et évidées en ellipse, qui reçoit et tient élevée au-dessus du sol la pièce que l'on soutire, c'est un *crapaud*. Cette baguette, surmontée d'une petite masse et finement varlopée, flexible comme le fouet d'un cocher de bonne maison, facile à la main qui la tient et en frappe les fûts, lorsqu'on inventorie les vins, c'est un *lutinet*, etc., etc. Puisque nous parlons d'ustensiles de travail, faut-il donner ici un souvenir au *sac à dégerber*? — Le *sac à dégerber*, voyez-vous, c'est un objet utile, indispensable, vénérable presque. Dans son acception la plus ordinaire, ce n'est rien, comme son nom l'apprend, qu'un sac bourré de paille, destiné à amortir le choc contre terre ou contre d'autres fûts des pièces que l'on descend des travées ; mais à combien d'autres usages est-il employé ! Quelque brave garçon a-t-il trop fêté le dimanche ? vaincu par le sommeil et la fièvre bachique de la veille, éprouve-t-il, vers le milieu du lundi, un impérieux besoin de repos ? Il s'en va sans bruit vers le couloir où il a aperçu le *sac à dégerber*. Un autre a-t-il trop fréquemment rempli et vidé sa tasse, en soutirant quelques pièces d'un vin friand ? Le *sac à dégerber* lui offre encore sa couche réparatrice. Il est de jolies et accortes servantes des marchands traiteurs voisins qui vont porter par les Cours les déjeuners de MM. les premiers garçons. En est-il beaucoup qui regarderaient fixement le *sac à dégerber* sans rire? Mais n'allons pas être indiscret.

A côté de cette population vigoureuse et fleurie, travaillant en ses magasins la chanson à la lèvre, la santé sur la figure et dans le cœur, il en est une autre. Entrons dans ces bureaux de comptabilité et d'écritures, construits, en forme de chalet ou de kiosque, le long des Cours ou installés sur le Port, dans de petites pièces disposées à cet effet, car l'espace est cher. On y distingue surtout le Parisien à la chevelure brune, au teint mat, aux yeux vifs, plus spirituels que francs, homme de plaisir et de calcul, deux choses qui sembleraient devoir s'exclure. Parmi cette bureaucratie commerciale, plus jeune et moins guindée que la bureaucratie des administrations, les diverses fonctions tranchent cependant entre elles d'une manière très-précise. Voici le premier commis aux écritures, silencieux, digne, faisant peu attention aux allants et aux venants, debout devant son haut pupitre, au milieu de ses registres, écrivant sur le Grand-Livre à couverture verte en peau de daim, à fermoir et à angles de cuivre, grave et gros comme un missel. Voilà le caissier, tenant son livre de banque, recevant, soldant, remettant aux jeunes commis ou aux voituriers l'argent des expéditions qu'ils vont prendre ou déposer aux quatre bureaux des Contributions indirectes; puis le commis qui prépare les demandes de ces expéditions, sur feuille rouge ou blanche, suivant leur nature, etc. — Au milieu de ces divers employés, le *premier commis* à la vente va et vient, entrant, sortant, dans un mouvement perpétuel. C'est l'homme de confiance, le haut fonctionnaire de la maison dont tout le détail, et plus que le détail, repose souvent sur lui. Sa place est lucrative, mais elle demande de l'activité, de la fermeté, une surveillance continuelle, un instinct developpé des affaires, une foule de connaissances spéciales.

Nous voici de retour sur le Port, en face de la Seine et des horizons du couchant, sur cette grève pavée où les hommes fourmillent, s'agitent, l'amour du lucre dans les yeux et dans le geste, tels qu'on se les représente parfois comme tendant en désespérés, du haut de cette plage parisienne, leurs bras avides vers Plutus, ce dieu que les Grecs firent vieux, aveugle et boiteux, mais ailé, sans doute parce que, s'il vient à pas lents, il s'en retourne souvent d'un vol rapide. Parmi ces hommes affairés domine la race du Midi, intrigante, adroite, parleuse, toute commerçante. Si nous laissons de côté les acheteurs,

quelques représentants de maisons étrangères, à Bercy, venus
là pour placer des vins sur échantillons auprès des maisons de
la *place*, nous trouverons deux états englobant cette multitude
de personnes : les marchands en gros, le courtier.

Certainement, il y a mille degrés dans les fortunes, dans le
crédit, dans les positions; cependant, on peut distinguer deux
classes principales de négociants (toujours à Bercy) : ceux qui
pratiquent en personne leur clientèle et ceux qui la font visiter
par leurs employés. Bref, il y a à Bercy le petit et le grand
marchand de vins. Le premier (sauf les exceptions, bien entendu, puisqu'il n'y a pas de règles, etc.) est arrivé, après de
longues années de travail, à une position (*sic*) entourée de
quelque aisance , de beaucoup d'espérances surtout. Longtemps commis chez les autres, il est maintenant à son compte et
prospère. Gros, fleuri, plein de santé, il paraît bon enfant, bon
vivant, tout camarade avec tout le monde. Il habite Bercy, les
alentours ou les quartiers qui avoisinent la Bastille, le boulevard
Beaumarchais en particulier. Chaque dimanche, il part de grand
matin et s'en va en courses par la ville, jusqu'au soir ; il passe
chez les marchands de vin en détail, ses clients, voit s'ils sont
pourvus, reçoit les fonds qui peuvent lui être dus, déjeune
chez l'un, fait quelque dépense chez l'autre, rit, conte la gau-
driole. Dans la semaine, il est à Bercy, à son magasin ou sur le
Port, guettant la clientèle, distribuant force poignées de main.
Si la besogne presse, il s'y met, dépose le paletot et le chapeau
noir pour prendre le tablier et aider ses hommes. Il choie (*il
cultive*) les bons courtiers, est tout à ses clients lorsqu'ils arrivent, les fait déjeuner dans les restaurants du port, les régale
de bons mots et de bon vin, fait en sorte qu'ils s'en retournent
joyeux et que cette joie lui tourne à bénéfice.

Le grand négociant n'habite point Bercy, mais Paris même.
Il affectionne les quartiers de l'Ile-Saint-Louis, dont les anciens
hôtels nobiliaires lui permettent d'épandre à son aise ses appar-
tements et ses bureaux. Aussi est-ce là qu'il a fondé un cercle
avec ses pairs. — Il y a plusieurs heures que sa maison fonc-
tionne, travaille, expédie, produit, lorsque sa voiture l'apporte
à Bercy. Il jette un coup d'œil sur les magasins, les hommes,
puis il se rend au café-restaurant pour déjeuner ou pour jouer.
Il entretient les grands courtiers, parle affaires avec eux; si
quelque client important l'attend ou le vient joindre, il se dé-
range, retourne à ses magasins, fait goûter, vend lui-même;
puis il revient à son jeu, qui est surtout le billard. Il est habi-
tuellement de bonne force. La troupe des petits commerçants,
en compte-courant avec lui souvent, l'entoure, prise, admire

ses coups. Il est affable, brave homme, obséquieux comme un marchand, avec quelque roideur et le sentiment de son importance, ainsi qu'il sied à un homme qui possède un million ou plusieurs millions. — Le soir, vers cinq heures, son cocher le vient prendre, et il part, au milieu des coups de chapeau de la foule des marchands et des courtiers qui ne vont pas tarder à quitter le Port.

Le courtier est l'intermédiaire du marchand en gros et du marchand en détail. En principe, sa fonction est bien simple : il est l'homme de confiance du débitant pour le compte duquel il choisit et achète les diverses espèces de vin au meilleur marché possible. Le marchand en gros chez lequel il a marqué de sa rouanne les fûts dont sa clientèle a besoin, lui doit une redevance qui varie selon leur contenance, selon leur valeur aussi sans doute. Mais le courtage enveloppe bien des genres de commerce et de spéculation ; nombreuses sont les remises du courtier en renom, nombreuses les séductions qui l'entourent. Il en est quelques-uns qui gagnent, dit-on, jusqu'à 100,000 francs par an. — On distingue à Bercy deux classes de courtiers : l'une très-nombreuse, celle des courtiers-jurés, piqueurs, gourmets, reçue comme telle par les syndics de la société ; l'autre, innombrable, celle des courtiers-marrons, c'est-à-dire des courtiers non jurés. — Beaucoup de ces derniers, qui, pour la plupart, demeurent étrangers aux grandes affaires, sont en butte à une foule de quolibets qui pleuvent sur eux par les Cours ; mais on trouve parmi eux bien des braves garçons diversement riches de clientèle et d'écus avant d'arriver au courtier tombé dans la déconsidération et l'ivrognerie, qui vient, le matin, avec quelque vieux buveur de ses camarades, piquer les fûts de vin blanc, sans autre prétention que de tirer les quelques tasses dont il s'est fait habitude.

Citons en passant, parmi les corps de métiers dérivant du commerce des vins, les *jaugeurs* assermentés, dont la fonction, comme leur nom l'indique, est de jauger les fûts, à mesure qu'ils arrivent pleins du pays, ce qui est à la fois une connaissance pour le négociant et une contre vérification appliquée aux marchandises qu'il vient de recevoir. Les *jaugeurs* sont peu nombreux. Vêtus d'une longue blouse, leurs intruments à la main, ils vont deux à deux, leurs opérations ne pouvant être que difficilement exécutées par une seule personne. Ils occupent des petits bureaux çà et là dans les Cours. Une boîte fixée à leur porte permet aux commerçants de leur transmettre à toute heure les demandes de jaugeage.

Parlons maintenant de l'un des principaux agents vitaux de

Bercy : le *voiturier*. Abandonnant les Cours et les maisons aux négociants, les voituriers se sont jetés hardiment dans la rue, en plein vent. Voyez-vous cette longue file variée et bizarre de baraques de toute forme échelonnées sur une seule ligne entre le pavé du Port et la berge? C'est là qu'ils campent, tant que dure le jour. Minces bureaux où un homme a peine à se tourner, guérites éclairées par une petite fenêtre de verre, la plupart du temps un simple demi-muid ou une pipe hors de service, plantés sur un fond, l'autre fond enlevé, afin que l'on puisse se tenir debout, mais remplacé par une toile tendue sur un cercle qui s'arrondit au-dessus de la porte pratiquée avec la scie dans les douves : tout est bon au voiturier et au *bricoleur*, son diminutif, pour abriter de la pluie et du vent sa chaise et le pupitre où il serre ses notes. Le voiturier est surtout l'homme par lequel des milliers d'hectolitres de vin et d'eaux-de-vie sortent chaque jour de Bercy et y entrent. Il doit se pourvoir d'un matériel coûteux à acheter et à entretenir, posséder bon nombre de chevaux robustes, plusieurs *haquets* que, depuis quelques années, les marchands préfèrent voir suspendus sur des ressorts, ce qui porte le prix de ces véhicules jusqu'à douze cents et même quinze cents francs chacun. Le loyer des écuries, des remises, les foins, les avoines, les notes du forgeron nécessitent au voiturier un grand roulement de fonds. A ces dépenses vient se joindre la paye journalière des hommes qu'il emploie, et qui est de trois francs environ, auxquels s'ajoutent les pourboires qu'ils touchent pour descendre les fûts dans les caves au lieu de destination, pourboires définis et relativement élevés. Ces conducteurs de haquets, ou *chartiers*, sont la population la plus tapageuse de Bercy. Possesseurs d'un vocabulaire qui ferait envie à Vadé, s'il venait à renaître, souvent ivres, leur fouet levé aussi fréquemment sur leurs semblables que sur les chevaux, irascibles, batailleurs, ils remplissent les Cours de leurs disputes où la *gueule* joue toutefois et heureusement le plus grand rôle.

Il y a parmi eux de braves garçons, de bons pères de famille; leur vie est rude et laborieuse; s'ils sont mêlés souvent dans des querelles, c'est le métier qui le veut, et les maintenir dans un état relativement tranquille n'est pas le moindre souci du voiturier. Ses occupations sont d'ailleurs multiples et exigent une sollicitude de tous les instants. Il doit veiller à la délivrance des expéditions de la régie qui accompagneront les fûts qu'il s'apprête à transporter, faire en sorte d'obtenir ces expéditions à son heure, en avancer les fonds et tenir ses comptes, disposer ses *voitures*, c'est-à-dire combiner ses enlèvements de manière à en former des chargements par quartier, car autrement, pour cette multitude de fûts qu'il porte dans la ville et la banlieue, il lui faudrait à son service une multitude d'hommes et de chevaux. Ajoutons que la plupart du temps il a un aide intelligent et dévoué dans sa femme. Les *voiturières* de Bercy sont très-aimées par les Cours : honni soit qui mal y pense!

Le *bricoleur*, qui est au voiturier ce que misère est à fortune, n'a pas de cheval. Tout son matériel consiste en un camion léger, aux bras duquel il s'attache par une bride de cuir ou *bricole*, qui lui donne son nom. Sa part de transports consiste dans les petits charrois, l'enlèvement pour Paris des fûts de faible contenance, des bonbonnes qui renferment les spiritueux, etc., etc. Il connaît la ville comme un ancien cocher, est dur au travail, adroit et fort. Il est des *bricoleurs* qui transportent à de grandes distances des fardeaux que l'on croirait être la charge d'un bon cheval.

Telle est, dans ses types et ses métiers principaux, la population du Bercy flottant, des Cours et du Port, population vigoureuse, laborieuse, âpre au lucre et au plaisir, sachant perdre à propos, préparer les occasions, et les saisir. Sans doute l'*auri sacra fames* jette entre la multitude des commerçants ses mauvais courants de jalousies, de médisances et de sourdes haines, mai ils y soufflent moins qu'ailleurs. — Les négociants passent leur journée entre eux, fumant et causant sous leurs tentes, le long du Port, mangeant et jouant ensemble dans les restaurants. Une grande familiarité, un grand esprit de solidarité, de besogne en commun, règne entre les ouvriers, les employés et les patrons, qui souvent ont commencé eux-mêmes par travailler dans les magasins et l s bureaux, dans les magasins surtout, car on y voit plutôt les premiers garçons que les caissiers et autres hommes de chiffres, être associés aux affaires de la maison.

Les hommes des Cours s'aident entre eux, prennent autant que possible leurs repas ensemble, dans les tonnelleries ou en plein air, surtout en été, dans les petits enclos, quand la feuillée des platanes, des tilleuls et des marronniers, est épaisse. Souvent leurs repas sont des *pique-nique*. Quelques-uns d'entre eux sont de véritables cuisiniers; les mariniers de la Seine et de la Loire peuvent seuls lutter avec ces Vatel au tablier de cuir pour la matelote et autres *fricots*. Le meilleur vin du magasin bout d'habitude dans leurs sauces; les patrons le savent et font mine d'ignorer, n'y pouvant rien ou plutôt mettant libéralement en usage la maxime économique : *laissez faire, laissez passer*. Un esprit large, de concorde, de fraternité, gai, bachique, l'esprit d'Adam Billaut, sinon celui de Rabelais, passe à travers cette population née en divers pays, travaillant pour des intérêts divers. Le sang français coule en larges ondes dans ses veines avec les vins de tous les coteaux de France, qu'elle y jette journellement en trinquant à plein verre et à pleine tasse.

Une anecdote nous semble avoir ici sa place; nous la lui donnons avec grand plaisir.

« Il est à l'extrémité de Bercy, au bord de la rue Grange-aux-Merciers, une porte cochère qui ferme une cour pavée ombragée par un grand noyer. Deux magasins étroits, profonds et noirs, débouchent sur cette cour. A gauche, tout à l'intérieur, a été bâti une sorte de pavillon dont les murs. jadis blanchis à la chaux, s'éraillent. Dans cette maison, dans cette cour, dans ces magasins perdus, à l'ombre de ce noyer, vit un homme de cinquante-cinq ans, aux cheveux gris et longs, à la figure anguleuse et sèche, aux yeux bleus abritant sous d'épais sourcils un regard intelligent, ferme et bon. Une honnêteté absolue, des idées simples, anciennes comme la terre natale, une grande puissance d'affection, de dévouement et de souvenirs : voilà ce qui apparaît le plus visiblement dans l'état moral de ce travailleur tranquille, jamais pressé, toujours en besogne, qui tient pour un marchand de Paris ces magasins bien remplis et bien aménagés de vins. Ce solitaire est un vigneron de Lamartine. Il est né, son père est mort comme ses pères, sa famille demeure toujours sur les terres du grand poëte, aux flancs du coteau de Montsault. Il se nomme Michelot. Amené à Paris par les hasards de son existence bien calme pourtant, il y est resté paysan et laboureur. Bien des fois nous nous sommes appuyés, lui et moi, le long de ses fûts, et nous sommes entretenus de Montsault, de Milly, de Saint-Point, de son seigneur, auquel il garde toute l'obédience et tout le respect du tenancier pour le maître de la terre, le *land'lord* comme disaient les Saxons. Quand il parle de Lamartine sa voix s'attendrit tout en s'élevant, ses yeux se mouillent de larmes, il les essuie du revers de sa large main gercée, et le poëte apparaît alors plus grand cent fois qu'on ne le rêve; il se dégage de ces nuages dont certaines questions l'ont assombri pour de mauvais yeux; on le voit tel qu'il est, souverainement bon, les mains toujours ouvertes, par suite souvent vides, vaste par le génie doux, abandonné, et par le cœur. Je veux rapporter ici une histoire bien simple, bien naïve, pleine d'un parfum du temps passé, l'une de ces histoires que la postérité ne saura jamais, car les actions qu'elles racontent n'ont pas été faites pour elle; mais jamais nous ne saurons donner une idée de l'accent et du geste du père Michelot.

Il y avait à Montsault une femme jeune encore, mère de plusieurs enfants tout petits, dont le mari vint à mourir. Quelques jours après l'enterrement, l'intendant de Lamartine avertit cette femme de se disposer à s'éloigner, puisqu'elle n'avait plus d'homme qui cultivât la terre et payât la redevance du propriétaire foncier.

La pauvresse pria et supplia en vain le Maître, comme les paysans nommaient l'intendant. Elle se souvint que Lamartine était en ce moment à Montsault, et elle s'en alla au château. Le poëte se promenait dans le jardin.

— « Qu'as-tu, Marie? » dit-il, en apercevant la veuve qui pleurait et en allant à elle.

— « Notre *mossieur*, notre Maître me renvoie. »

Et elle raconta son malheur.

— « Il n'y a pas d'autre maître ici que moi, Marie, sache-le bien, » dit Lamartine; « va chercher R... et reviens avec lui. »

L'intendant arriva.

— « Qui t'a permis de renvoyer mon enfant? dit le poëte; n'est-ce donc pas assez pour cette femme d'avoir perdu son mari, et faut-il que tu lui prennes encore sa maison? »

Une explication eut lieu entre eux.

Quand elle fut finie :

— « Retourne en paix chez toi, Marie, » dit Lamartine, « tu ne seras plus inquiétée. — Loin de la congédier, R..., tu loueras pour elle un garçon honnête; il labourera sa terre, soignera ses vignes, et c'est moi qui le paierai. »

V

RESTAURANTS DE BERCY.

Le commerce de Bercy est par excellence un commerce aléatoire. On y joue à la hausse et à la baisse plus qu'ailleurs, mais la hausse et la baisse n'y sont produites ni par la chute de Sébastopol embrasé, ni par la résistance de Puebla vainement attaquée d'abord ; c'est le ciel en personne qui guide et promène le char de dame Fortune par les rues et par le Port. Une nuit de gelée en mai, quand la vigne est fleurie, élève ou fait crouler des maisons nouvelles, hasardeuses, qui jouaient avec la destinée comme des enfants avec leur bonne. Ce qui est immuable ici, c'est la manière de vendre.

C'était, paraît-il, un usage de l'ex-évêque Talleyrand et du voluptueux Metternich de préparer l'avénement de leurs combinaisons politiques par de fins repas assez puissants, selon ces sceptiques, pour séduire les cœurs réputés secs et les cerveaux réputés froids des diplomates, leurs confrères et ennemis. Cette pratique autorisée en haut lieu, socialement parlant bien entendu, est suivie avec une régularité absolue par Bercy dans ses transactions commerciales. C'est à table que la majeure partie des affaires, de vente surtout, se noue et se dénoue. Aussi les restaurants sont-ils véritablement la bourse de Bercy répandue en plusieurs corps de logis.

En visitant ses clients, le dimanche, le marchand donne à ceux qui ont besoin de remonter leur cave rendez-vous pour un jour de la semaine, à dix ou onze heures du matin, c'est-à-dire pour déjeuner. Au reste, les détaillants connaissent et prisent assez les coutumes de la place pour se passer d'invitation : ils arrivent à jeun. Ils sont accueillis par d'amples poignées de main ; le marchand tire de sa poche sa tasse d'argent et son foret ; on boit un ou deux verres de vin blanc, on cause, on goûte par-ci par-là quelques fûts, mais on ne traite rien sérieusement. L'instant du déjeuner survient et l'on s'en va. Le repas est copieux, bon, largement arrosé, et du meilleur; les âmes s'épanouissent, la confiance fleurit au cœur des acheteurs les plus récalcitrants; on parle à peine de l'affaire qui les amène, et elle se trouve conclue entre deux gaudrioles. Quand on a humé la dernière gorgée de café, il ne reste plus qu'à savoir le jour où il faudra expédier.

Du reste, tout semble, dans ces restaurants, se passer en famille, comme chez soi. On ne prend pas place, ainsi qu'ailleurs, autour de la première table inoccupée jusqu'à ce qu'un garçon, plus ou moins empressé, veuille bien vous présenter la carte du jour. Non. On choisit soi-même son menu *de visu* et avant la cuisson. Les provisions de la maison sont étalées aux regards des clients, en certains endroits, dans les salles même où l'on mange. On fait son choix! on en porte très-souvent soi-même l'objet au *chef*, qui n'a plus qu'à le préparer de la manière que l'on désire. Comme précaution contre les survenants et le restaurateur lui-même, qui pourrait être tenté de remplacer la pièce élue par une pièce moins fraîche, s'il s'agit d'une sole, d'une tanche ou d'une carpe de Seine, par exemple, il est assez dans les usages du lieu de prendre possession du poisson, en lui enfonçant un fausset de bois dans les chairs. Mais ce qui distingue les restaurants de Bercy entre tous les restaurants de Paris, de France et de Navarre, de l'Europe entière sans doute, c'est la *carafe!* La *carafe*, voilà l'attrait, le charme, le cachet, la corne d'abondance des repas de Bercy. Si elle ne fait pas miroiter ses rubis sur votre table, si, en son lieu, la bouteille parcimonieuse de l'établissement s'élève piteuse et maigre à côté de vous, vous êtes du dehors, vous êtes un étranger. Payer son vin à Bercy semble aussi singulier que payer sa place à l'Odéon. — La *carafe* est donc un usage local et qu'ont dû tolérer et subir, d'une part les restaurateurs, d'autre part, et ceux-là sont les plus rébarbatifs, le Conseiller d'Etat directeur général des Contributions indirectes et Douanes, et le Préfet de la Seine, car, grâce à cette bienheureuse coutume, il se boit par an, dans ce coin de Paris, plus de trois mille hectolitres de vin qui, jamais, ne payèrent redevance au fisc national et municipal.

Il n'est pas étonnant qu'il ait tout d'abord paru dur au négociant qui avait à bon compte du bon vin plein ses caves d'en venir payer très-cher du mauvais ou du moins bon à sa porte; aussi s'en donne-t-il bien de garde à présent, si jamais le contraire a existé! L'imiter, a semblé doux au courtier et à toutes les personnes mêlées dans les transactions de la place;

le restaurateur n'a plus eu alors qu'à bien boucher ses bouteilles, son vin ayant tout le temps de vieillir. Des carafes en
verre, de toute contenance, avec les initiales de la maison,
abondent donc dans les restaurants du Port. De jeunes garçons,
que l'on qualifie du titre relevé dans la cuisine, d'*officiers*, sont
là, attendant qu'on les envoie par les magasins faire remplir
ces carafes vides. Négociants, courtiers, placiers, représentants,
leurs employés, leurs clients, leurs amis arrivent, entourent ces
saute-ruisseau d'espèce particulière. Les négociants et les courtiers leur remettent la tasse d'argent où leur nom est gravé.
Les jeunes gens partent, munis de ces tasses qu'ils devront
présenter aux premiers garçons des maisons où l'on demande
du vin ; ils se pressent, ils s'éloignent, toujours courant, et re-
viennent les mains chargées de ces bouteilles de verre blanc au
ventre rebondi, pleines, fraîches, contenant la joie dans leurs
flancs, en échange desquelles on donne au porteur la modique
somme de dix centimes, pourboire établi de longue date.

Nous le répétons, par leur cuisine de choix, leur service bien
fait, leur rumeur joyeuse, leur liberté d'allures, leur manière
de mettre chacun à son aise, par toutes leurs séductions enfin,
les restaurants jouent un grand rôle dans la vie pratique et
commerciale de Bercy. Et ils ne l'ignorent pas ; ils savent se
mettre à leur place, croyez-le bien. Aucune maison n'ose élever
sa raison sociale dans les airs aussi haut qu'eux leur enseigne.
Ils l'exposent à tous les yeux, dominant les toits, en lettres
qu'un myope lit d'un quart de lieue, appelant le regard, plus
sonore à sa manière cette enseigne, que la cloche, tant maudite,
du *Grand-Hôtel Espagnol*. Voici d'abord, en partant du boulevard et du nouveau pont, les *Peupliers* avec son patron avenant,
son ancienne réputation qu'il ne dément pas, puis les *Marronniers* avec leurs bosquets charmants, l'été ; plus connu encore
et plus suivi, le *Commerce*, fréquenté en général par les petits
marchands, les petits courtiers et les employés ; le *Cercle*, le
Rocher de Cancale, avec son café, ses billards, ses vastes salles,
ses cabinets de société, ses salons, sa renommée parisienne. — Le
Rocher est le roi des restaurants du Port ; les plus grands négociants de la place s'y rassemblent, viennent y jouer et y prendre leurs repas. Ses traditions sont nombreuses et répandues ;
le banquier Aguado y venait souvent autrefois ; il y amena
un jour une société de trente personnes, à laquelle il offrit, pour
l'avoir perdu par pari, un dîner à cent francs par convive ; encore
avait-il voulu apporter de sa cave particulière les vins de des-
sert, ce qui était trop se défier de l'établissement ou être bien
difficile. — Bercy, naguère encore, c'était la campagne ; c'était

la barrière de la Gentry ; les petites dames en raffolaient, les grandes dames aussi ; on se croyait à cent lieues et de Paris et des époux. Les annales de tous ces restaurants sont d'ailleurs peu illustres ; cependant plus d'un homme connu s'est assis dans leurs salons ; Pierre Dupont y a chanté plus d'une chanson nouvelle, pris le sujet de plus d'une autre, y a laissé maintes fois les fumées du vin voiler sa tête d'inspiré. Il est aussi une gloire culinaire de Bercy que je ne saurais délaisser (1).

Après le restaurant du *Sapeur*, réinstallé sur un bon pied et appelé à la vogue, et au delà de la rue Gallois, le Port se prolonge moins chargé de vins et moins fréquenté. Le restaurant de la *Terrasse*, tenu par Julien, aimé des canotiers parisiens, qui ont chez lui leur bal et leur rendez-vous de chaque mercredi d'été, est le seul établissement de ce genre où l'on puisse rencontrer un *comfort* qui rappelle le comfort des autres maisons sus-nommées. Çà et là seulement, échelonnées jusqu'aux fortifications, s'élèvent quelques gargottes sur les murs desquelles des carpes et des anguilles magnifiquement peintes promettent au passant des matelotes sans défaut.

Autrefois, et il n'y a pas bien longtemps, une maison de l'espèce, ayant pour enseigne ces trois mots : *Au Soleil d'or*, occupait sur le Port l'emplacement de la maison n° 22. Elle avait la renommée, prisée aux barrières, de préparer d'excellentes gibelottes et elle arborait fièrement, parmi d'autres attributs culinaires, dessinés sur ses murs, un lapin pendu par les pattes, dont la peinture se gerçait au soleil et à la pluie. Le maître de céans était tonnelier et travaillait au dehors, la maîtresse était l'artiste des gibelottes en réputation ; quatre enfants, deux garçons, deux filles, animaient ce logis de leurs ébats : les noms de baptême des filles étaient Annette et Victoire, ceux des garçons : Eugène et Louis ; le nom de la famille Veuillot.

Oui, c'est de cette guinguette de barrière que sortit le chevalier des trônes légitimes et du christianisme romain ; c'est de là qu'il alla d'abord s'asseoir, dans le voisinage, en l'étude de l'huissier Petit, chez lequel il griffonna dès son jeune âge, *parlant à* et *protêts* de sa plume déjà mouillée de fiel. Le cardinallaïque Louis Veuillot est un des rares hommes fameux que Bercy ait produits ; vous tous qui ignoriez la patrie de ce divertissant personnage, peut-être vous étonnerez-vous moins désormais de sa sainte verve héroï-comique, et bachique quelque peu.

(1) Nous nous plaisons à reconnaître que nous avons emprunté l'anecdote qui va suivre aux *Adieux à Bercy*, de M. Sabatier. Nous avons lu et consulté avec fruit ce travail, fait à un autre point de vue que le nôtre, mais rempli de sérieuses recherches et d'esprit.

VI

GARDE NATIONALE DE BERCY.

Le gouvernement a désarmé le grand faubourg. Les hommes qui l'habitent ne sont plus soumis au service de la garde nationale, nous ne savons trop pourquoi!... Il y a quelques années, on rencontrait encore çà et là, dans les Cours de Bercy, quelques travailleurs à barbe brune et grise, soucieux, sévères, faisant leur besogne et riant peu. On disait qu'ils s'étaient battus, au haut des barricades, pour la liberté ; ils n'aimaient pas à s'entretenir de ces jours passés avec leurs nouveaux compagnons, les trouvant trop jeunes et pas assez sérieux sans doute. Ces hommes ont disparu dans la fatigue, la vieillesse et la mort. Bercy, qui touche les quartiers redoutés, a été excepté dans la mesure qui les dispense de la garde nationale. Le commerce, qui a toujours dominé en cette commune essentiellement commerçante, a maintenu les hommes qu'il emploie en dehors du foyer voisin d'effervescence et de préoccupations politiques ; et il leur est permis d'aller à leur tour monter la garde à l'Hôtel de ville et souffler sous le harnais aux jours de revue.

La garde nationale de Bercy est montée sur un bon pied, menée militairement, autant que faire se peut. Les simples soldats comptent dans leurs rangs des négociants, les premiers commis et les premiers garçons des principales maisons de la place. Ces trois classes de personnes, qui n'en font qu'une, forment l'élément dominant dans les cadres des compagnies. Les officiers sont, pour la plupart, de gros commerçants. Tout ce monde est bien muni de santé, de gaieté et d'argent, très-propre à faire face à ces occasions variées de plaisir qui naissent plus souvent sous les pas d'un garde national que les batailles. Le commandant de cette troupe d'élite est un homme de cinquante ans environ, grand, fort, roide, à l'épaisse moustache grisonnante ; la redingote toujours boutonnée sous le ruban rouge ; son aspect est celui d'un officier supérieur en retraite. Il est sévère au Conseil, et pourvoyeur sans pitié de l'*Hôtel des Haricots* défunt, comme ce singulier garde national, Alfred de Musset, qui y laissa tomber la délicieuse larme des *Mie Prigioni*. Ce chef terrible, excellent et honorable en toutes manières. est tout simplement un riche marchand en eaux-de-vie de la place (1).

Les tambours sont le fondement, la base inébranlable de cette garde nationale, car tout Français est soldat, mais tout Français n'est pas tambour. Les tambours représentent la chanson, l'harmonie, la vaillance, les manies belliqueuses du bourgeois sous les armes. Du soir au matin on peut faire un sapeur, un tambour-major peut-être, mais un tambour battant..... non pas.

Parmi leurs fonctions nombreuses, nous devrions dire leurs priviléges : les tambours de Bercy ont celle d'aller par les Cours porter l'ordre du Conseil aux hommes désignés pour les gardes de l'Hôtel de ville ou les revues. Rude corvée, croyez-le bien, que celle-là! Hélas! s'ils entrent gaillards, droits, la moustache provocante, dans ces rues plantées d'arbres dont l'ombrage est fatal, ils n'en sortent pas ainsi. Ces braves ont trouvé leur Capoue d'un jour. Leurs yeux brillent, leurs bras vont. et viennent à l'aventure, leurs jambes les portent çà et là, invisiblement sollicitées, caressées par les sournois Esprits de l'ivresse. Comme ce concierge en gaieté de la place Vendôme, ils peuvent se rendre le témoignage qu'ils ont pris beaucoup de *canons* aussi.

Quoi qu'il en soit, les hommes désignés se trouvent. à heure fixe sur la place de l'Eglise. Ce matin-là, car on se connaît tous à Bercy, il y a un mouvement inaccoutumé dans les maisons, surtout au moment où la garde civique part. Tout le monde est aux portes. Les tambours, remis de leurs fatigues bachiques, ouvrent la marche, l'air décidé, et battant fort. Officiers et soldats suivent, magnifiques, satisfaits, dédaigneux, sous l'œil des femmes et des filles, et il y en a de belles à Bercy, des brunes et des blondes, et comme partout, plus qu'ailleurs peut-être, elles ont le sang gaulois, ami des guerriers; ils passent aussi sous les regards et parmi les rires bienveillants de leurs camarades restés au travail, qui n'ont pas l'honneur d'être de

---

(1) L'on n'écrit guère que sur du sable. Depuis que ce travail a été remis à l'éditeur le commandant de la garde nationale de Bercy a eu le temps de donner sa démission, et de mourir quelques jours plus tard, emportant l'estime et les regrets du commerce et de l'ancienne commune.

la garde un peu aristocratique qui s'en va. Or, plusieurs de ces passants si gais, un peu moqueurs, et que nous connaissons, sont couverts de blessures reçues en d'autres lieux, loin des scènes militaires pour rire, dans les rangs intrépides des armées de Crimée ou d'Italie.

Quand les compagnies arrivent à l'ancienne barrière, enlevée mais où le fisc municipal veille toujours, elles trouvent là des regards aussi curieux peut-être, mais à coup sûr moins désintéressés que le long de la Grande Rue de Bercy, les regards de MM. les employés de l'Octroi, qui voient avec regret sans doute passer ces soldats, dont tous ne sont pas leurs amis. C'est qu'une pièce de vin, au moins, entre avec eux dans la ville, *franco*, comme les sucs de la terre dans le raisin. Au lieu de cartouches, il y a dans chacun de ces sacs, lourds et bien garnis, une ou deux bouteilles de vin, du plus vieux et du meilleur; chacun emporte sa provende; viandes froides, saucissons, pâtés, reliefs de toutes sortes s'entassent autour des bouteilles, tant que l'espace le permet. Supposez, par impossible, une armée de Prussiens et de Russes arrivant à l'improviste, sans déclaration de guerre, en ballon, par exemple, sous les murs de Paris, l'on pourrait envoyer, sans crainte de disette pour elle, la garde nationale de Bercy aux fortifications; sous les armes elle a pour trois jours de vivres.

Aussitôt que les faisceaux de fusils sont formés, les provisions s'étalent sur les places publiques ou sur l'herbe brûlée du Champ-de-Mars. On partage. Ce sont des pique-nique sans nombre. Le soleil a beau calciner la plaine, on lui tient tête; on se rafraîchit, on boit à sa soif, on boit au delà. On raconte que les chefs ont de la peine à ramener leurs soldats insubordonnés de par Bacchus, que si le départ est superbe le retour laisse à désirer, que l'on en a vu, *Infandum!* rentrer à Bercy à la débandade, après avoir abandonné schakos et fusils... et sans combat. Mais n'insistons pas sur ces aventures improbables; mieux vaut rapporter ici une histoire d'une authenticité parfaite.

Le général Lawœstine inspectait en grande revue les diverses gardes nationales de Paris. Il passait à cheval devant les compagnies et voyait sans cesse des figures blêmes, à peine colorées par la fatigue et la chaleur, pâlies dès longtemps dans les épiceries, les boutiques, les magasins et les ateliers sans soleil. Vers le milieu de la place il arriva devant des hommes tout autres. Ceux-là étaient grands, carrés, bien portants; quelquesuns maintenaient avec peine dans leur ceinture de cuir blanc

leur ventre majestueux, qui tendait à s'en échapper; les visages
de tous brillaient comme un verre de vin au soleil.

« — Quelles trognes! » exclama le vieux militaire.

« — C'est la compagnie de Bercy, » lui dit un aide de camp.

Le général continua sa revue souriant et saluant, sans en
demander davantage.

VII

LA BERGE.

On désigne à Bercy, sous le nom général de Berge, l'espace
qui s'étend entre le pavé du Port et le fleuve. Cette langue de
terre, longue d'un kilomètre, large de trente mètres environ, est
d'un grand secours pour le commerce. Ancienne propriété com-
munale, elle lui est abandonnée gratuitement dans un quartier
où l'espace est précieux et cher. Chaque négociant peut y faire
décharger des vins et les y laisser le temps que bon lui semble,
sans qu'il y ait d'emplacement plus particulièrement affecté à
l'un qu'à l'autre; toutefois une convention tacite fait que les
différentes maisons occupent seulement la partie de grève si-
tuée en face de leurs bureaux et principal établissement.

Le fisc a fait de la Berge une ville à part dans Paris et dans
Bercy même. Les marchands et les vignerons eux-mêmes peuvent y amener leurs vins par bateau et par terre sans acquitter tout d'abord, et avant la vente, les droits dus à la Ville
et au Trésor. Mais de ce privilége ressort nécessairement une
foule d'embarras, pour les négociants surtout. Les employés
des contributions indirectes tiennent un compte spécial des
marchandises que ces négociants ont sur Berge, à part leur
compte ordinaire. Il en résulte que ces derniers ne peuvent faire
traverser la rue à leurs vins, pour aller de leurs magasins à la
Berge ou de la Berge à leurs magasins, sans se munir du pa-
pier administratif que l'on nomme acquit-à-caution. De là aussi
la présence continuelle de ces nombreux agents de l'octroi, dont
les guérites et les bureaux s'échelonnent tout le long du Port,

avec les tentes des marchands et des courtiers, les cases et bureaux des voituriers, et les corps de garde des municipaux, ainsi qu'il a été dit ailleurs.

Dans l'été la Berge est presque abandonnée. Bien peuplée encore de vins au printemps, elle se fait de plus en plus nue jusqu'au moment où surviennent les grandes chaleurs. Alors elle devient déserte. Le fleuve traîne ses eaux basses entre les quais dont le pied est à sec; quelques piles de demi-muids, à même, lesquels le soleil qui rutile boit à longs traits, dorment seules, de place en place, sous le ciel incandescent. On ne voit au long de l'eau que des pêcheurs à la ligne, gent pacifique et paresseuse, pressés l'un contre l'autre, debout sur le quai ou perchés sur tous les points des quelques bateaux amarrés à la rive, tels qu'une troupe de pingouins endormis sur une côte déserte.

Mais, à l'automne, tout change. Quand les coteaux sont bien dépouillés de raisins, que le pampre est mort, que les cuves ont été versées dans les tonneaux, la Berge se charge de richesses, et aucun vignoble de France ne saurait lutter avec elle. Octobre, novembre et décembre, voilà les mois où la Berge est dans son beau. En ces mois bénis elle redevient presque telle qu'elle était en ses bons jours, alors que la Seine, reliée par les canaux à tous les fleuves et rivières de France, amenait seule à Bercy tous les vins que Paris et le Nord buvaient; que les chemins de fer de Lyon et d'Orléans n'existaient pas; qu'une flotte de bateaux-porteurs couvrait le fleuve, et qu'au lieu du sifflet étourdissant des locomotives l'on n'entendait que les cris de manœuvre des mariniers.

Si ce mouvement, cette vie ont diminué, ils sont grands encore, à chaque automne. La mi-octobre n'est pas venue que déjà la Berge s'est couverte. Le trop-plein des magasins s'y déverse; les piles de fûts divers s'entassent, s'exhaussent, se pressent au point qu'il devient difficile d'aller du Port au fleuve. En même temps, les lourds bateaux arrivent sans cesse, élevant à peine au-dessus de l'eau leur carcasse grossièrement chevillée. Vins de la Loire, d'Auvergne, de Basse-Bourgogne, du Mâconnais, de la Champagne, venus dans la Seine, les uns par la Loire et le canal de Briare, les autres par la Marne, chargent ces lentes bagarres de leurs fûts de toutes formes. Arrière maintenant les pêcheurs, les promeneurs, les oisifs! la Berge est aux *débardeurs*, aux *dérouleurs*, comme l'on dit expressivement à Bercy. Nul qu'eux ne peut décharger les navires. Leurs chefs nt leurs priviléges, leur monopole qu'ils savent faire respecter. leurs *fidèles* qu'ils occupent autant qu'ils peuvent, qui ne les quittent guère, même en la mauvaise saison, auxquels ils donnent une haute paye et qu'ils placent à la tête des nombreuses *équipes* qu'il leur faut composer pour subvenir à tous les arrivages. Les hommes qu'ils *embauchent* sont payés cinquante centimes par heure de travail. Quant à eux-mêmes, ils ont fait leur prix avec les mariniers auxquels ils ont demandé une certaine somme par fût débarqué, somme qui varie selon la *presse* et la nature des fûts. C'est plaisir de voir à la besogne tous ces Parisiens des barrières, aux souliers éculés, aux vêtements déguenillés bizarrement, d'entendre les facéties et joyeusetés dont ils l'assaisonnent. Enfants perdus, d'une réputation plus vieille que bonne, on aime à les regarder faire, roulant les vins du bateau à la rive, sur des madriers flexibles et larges, munis de grappins, qu'ils jettent en ponts-volants et nomment pittoresquement des *chemins*. Presque toujours l'été a été mauvais pour eux; la Seine était basse et ils ont chômé; ils ne sont pas économes; aux mauvais jours, ils ont fait de mauvais dîners, s'ils dînaient. Aussi sont-ils contents, alertes empressés, comme reconnaissants envers le travail et la fatigue, loin qu'ils leur fassent piteux visage.

Une bonne partie de ces vins a été achetée par les marchands de Bercy, au pays; une autre partie leur est envoyée par les récoltants : ils en chargent leur compte, les vendent et en adressent le prix aux expéditeurs, diminué d'une *commission*. Mais il est des *récoltes* que les propriétaires sont venus vendre eux-mêmes, beaucoup dans la pensée que, de cette manière, ils gagneront largement le coût de leur voyage, quelques-uns pour la distraction du voyage lui-même.

Les petits bourgeois viennent s'approvisionner auprès de ces vignerons et ceux-ci les accueillent avec plus de franchise et d'abandon qu'ils n'accueillent les marchands de profession, par lesquels ils ont peur d'être surpris. Rusés eux-mêmes, ils craignent la ruse; c'est pour eux un point d'honneur de ne pas se laisser tromper par l'homme de la ville, qu'ils tromperont plutôt, s'ils peuvent. On les voit toute la journée, offrant leur vin aux passants, ou bien assis sur leurs *feuillettes*, réfléchissant et fumant. Ils ont de grands chapeaux sur leurs cheveux qu'ils portent longs, comme tous les paysans, principalement lorsqu'ils arrivent à l'âge mûr. Leurs traits sont maigres, anguleux, tannés par le soleil, le vent et les pluies; souvent ils ont encore à leurs souliers ou à leurs sabots la terre du coteau. Ils se sentent étrangers à cette ville qui bourdonne tout près, à ces hommes autrement vêtus qu'eux, dont les allures sont autres que les leurs; on devine qu'ils s'ennuient et qu'ils ont hâte de

vendre et de s'en retourner en leur logis avec les quelques
pièces d'or, prix de leurs fatigues et de leurs soins.

Cette longue Berge, ces fûts innombrables qui exhalent l'odeur
des pressoirs, ces hommes si divers, le fleuve roulant à pleins
bords, Paris à deux pas, un blond soleil d'automne dans le ciel,
tout cela forme une scène ou plutôt des scènes qui sont très-
loin d'être sans charmes.

VIII

LES JOURS ET LES NUITS DE BERCY.

Une dernière peinture, un dernier avertissement. — Si jamais
la fantaisie vous venait de visiter ce que j'ai appelé une ville
inconnue, donnez-vous de garde de choisir l'heure où, dans les
beaux soirs, l'on aime prendre le frais le long de la Seine.
Le moment serait mauvais, en effet. Bercy, et c'est là une de ses
singularités, ne s'offre pas en spectacle à tout instant; comme
les théâtres il a ses sommeils, ses longues heures de solitude et
de silence absolu. De même que les acteurs n'habitent pas le
toit qui abrite la scène où ils jouent et chantent, de même les
hôtes de Bercy ont leur demeure au dehors de Bercy.

Depuis longtemps déjà, en été, le soleil a fait glisser ses
rayons sur la cime des arbres, et ils étincellent sur le fleuve,
que les magasins sont encore déserts, comme le Port, comme
la Berge. — Vers six heures les Cours commencent à se peupler;
les premiers garçons arrivent, puis les hommes d'équipe; on
met ses vêtements de travail; on flâne; on va de maison en
maison; on boit un verre de vin blanc par-ci par-là; on vide
un *pichet* ou deux de vin rouge, en mangeant de la charcuterie
et du fromage, ce que l'on appelle *casser la croûte;* — vers sept
heures tout le monde est à la besogne.

Pendant ce temps-là, le Port, plus longtemps silencieux, s'a-
nime peu à peu. Les *haquets* arrivent en cahotant, s'alignent,
prennent, pour ainsi dire, leur poste de combat, les voituriers ouvrent leurs bureaux en plein vent, les commis des diverses maisons

leurs bureaux d'écritures. Vers huit heures les plus pressés et les plus actifs d'entre les négociants et les courtiers apparaissent les uns après les autres. Ce n'est qu'à neuf heures, neuf heures et demie, que les affaires commencent, que le brouhaha de voitures et d'hommes bourdonne, que Bercy vit de sa vie journalière. Dès lors la rumeur va s'augmentant jusque vers deux heures de l'après-midi, puis elle diminue jusqu'à sept où tout se tait.

Les Cours sont fermées, la rue est vide, le fleuve coule paisiblement ; le soleil disparaît, la lune se lève, laisse tomber sa lumière sur les magasins noyés dans la feuillée et les ombres, sur la ligne des maisons, la grève et les eaux : on dirait de Pompéi. — N'en croyez rien ; les hommes sont partis, dorment, mais il y a là des êtres qui veillent. Dans ces ombres, sous ces arbres, sous le regard clair et doux de Séléné se livrent à cette heure des combats terribles. N'entendez-vous pas ces miaulements désespérés, ces cris sourds, ce bruit de pas moelleux et cependant rapides, de pas qui se poursuivent? Les chats et les rats de Bercy sont en guerre. Ces derniers pullulent ; les égouts de la Seine les amènent ; ils trouvent dans les magasins leur pâture, ils y restent et y prennent des proportions surprenantes. Tout leur est bon : morceaux de pain et de viande jetés, oubliés ou laissés là pour le lendemain, détritus de toute sorte, blouses, mais surtout les chandelles dont les magasins s'éclairent. Les chandelles, voilà leur mets de prédilection ; les Cosaques les haïssent auprès d'eux. Ils les trouvent et les rongent partout (pas les Cosaques); il faut prendre les précautions les plus minutieuses, s'ingénier à découvrir mille cachettes, mille manières de ravir à leur atteinte ces chandelles désirées. Quand les hommes mangent dans les tonnelleries, les rats viennent entre leurs pieds chercher leur nourriture comme des chiens. Aussi leur a-t-on opposé une armée de chats et de chats fort beaux. Pendant le jour ces athlètes dorment, nonchalamment posés sur les fûts, sur les toits, partout où vient un rayon de soleil. Ils sont très-familiers, connaissent admirablement ceux qui les caressent, accourent au sifflet comme des épagneuls, font des tours comme des caniches. Bercy est à eux, chaque dimanche et chaque soir, et ils en sont les gardiens fidèles. Sur dix, il y en a trois ou quatre qui ont un œil crevé, stygmate de leurs luttes de toutes les nuits. Ces braves à figure pateline attendent un Cervantès ou un Homère, plus dignes qu'ils sont d'en avoir un, assurément, que les grenouilles. — Sans nul doute les dieux leur en enverront un.

IX

PASSÉ ET AVENIR DE BERCY.

Ne craignez point, en lisant ce titre, ô vous qui avez vu bien des fois les merveilles du château et du parc de Bercy, debout naguère l'un et l'autre et maintenant abattus, arbres et murs; ne craignez point, dis-je, une élégie sur leur ruine, encore moins un récit de leur gloire évanouie. Que les magasins couvrent une partie de ce vaste domaine, englobent le Petit-Château et le lourd pavillon carré que le fermier Pâris de Montmartel fit construire jadis au bord de l'eau, je n'y vois pas grand mal. Que les piles de demi-muids se dressent le long des arbres, là où les statues rêvaient sous la verdure; que l'odeur de la vendange s'exhale au lieu du parfum de roses à jamais effeuillées, je ne pleurerai pas. Ces splendides demeures mirent plus d'envie dans l'âme des déshérités de ce monde que de vraies jouissances dans le cœur de leurs possesseurs en apparence si heureux. Je me persuade que ces milliers de fûts contiennent la santé, la force, la joie, la consolation, la cordialité de bien des hommes, et je ne regrette guère les jardins et les fleurs disparus.

Certes, c'était une superbe résidence que ce château bâti par Mansard aux portes de Paris, reconstruit par le Vau, entouré par le Nôtre de jardins et d'un parc de trois cents arpents. Le XVIIe siècle lui avait donné ses airs grandioses, ses avenues calmes, à perte de vue, ses terrasses au bord des eaux et sur le flanc des terrains en pente, le XVIIIe l'avait paré pour sa vie folle, orné à l'intérieur et comme adouci. Marquis, fermiers généraux, traitants l'avaient embelli, choyé à qui mieux mieux, jusqu'à ce facile Calonne, prodigue ministre de tristes finances, qui avait voulu anglomaniser les jardins de le Nôtre, au moment où le duc d'Orléans établissait les parcs anglais de Saint-Cloud et de Monceaux. — Et cependant le voilà morcelé, transfiguré, ce beau domaine, rasé ce beau château; qu'y faire? M. Thiers et les fortifications de Paris, le chemin de fer de ceinture en le

séparant de ses dépendances du nord, le chemin de fer de Lyon
en le traversant, en le coupant, en venant siffler sous ses ombrages dédaigneux et les salir de fumée, avaient décidé sa perte ;
la spéculation l'achève, la montée de Paris surtout, qui envahit
les campagnes, comme l'océan les grèves, à l'heure du flux.

Ni les dryades de ses bois, ni les statues de ses pelouses, ni
les nymphes de ses bassins n'ont pu sauver le grand Bercy
de la mort ; du château il ne reste plus pierre sur pierre ;
on abat maintenant ses beaux marronniers, les uns après les
autres, sans respect pour les ombres mélancoliques qui apparemment se promenaient parfois sous leurs branches, en per-
ruques Louis XIV, en paniers Louis XV, en coiffure à la reine
Hortense, car elle y vint aussi, en 1814, la fille de Joséphine
Beauharnais ; elle y abrita quelques jours les berceaux de ses
deux fils, que la tempête de l'invasion et de l'exil allait emporter
bientôt, avec tous les Bonaparte, par l'Europe blanche des osse-
ments de l'Europe et de la France.

La violette, aimée de l'Empire, pousse à foison sur les terrasses qui s'écroulent, et les enfants du voisinage viennent, en
avril, faire des bouquets de la petite fleur. Des lilas, des seringats,
de vieux rosiers apparaissent, çà et là, au pied et dans les cre-
vasses des murs. Dans la plaine, qui va du coteau à la Seine,
les bassins et les étangs sont comblés : deux mares d'eau claire
envahies par les herbes, sur lesquelles se penchent quelques
saules bas et des roseaux, c'est tout ce qu'il en reste. Une ville
de magasins neufs se bâtit et étend ses larges toits de briques
rouges là où, il y a deux ans à peine, s'élevaient encore, ras-
semblés comme une troupe d'amis menacés, une cinquantaine
des plus beaux marronniers que nous yons jamais vus. Ils sont
coupés, comme le seront bientôt sans doute les marronniers et les
ormes qui dominent toujours l'emplacement du château : beaux
arbres plus regrettables que leurs anciens maîtres et qui, au
moment où j'écris ces lignes, se lamentent douloureusement
avec les pluies de décembre et les froides bises qui rasent, dans
la nuit, les plateaux de Charenton et de Vincennes.

Il est, à Bercy, un souvenir que nous préférons à celui des
marquis et des marquises, des financiers et des femmes galan-
tes, des princes et des princesses qui habitèrent le château, souvenir d'une femme qui fut grande par les charmes de sa figure,
son esprit haut et ses malheurs, grande surtout par ses instincts généreux, sa haine des priviléges et des petites choses,
son amour du droit et du vrai éternels, qui lui permirent d'aban-
donner sa belle tête à la hache de la République, sans blasphé-
mer contre la République et la Liberté.

Madame Roland, quand elle n'était que l'admirable jeune fille que l'on appelait Marie Philipon, venait souvent à Bercy, chez M. de Boismorel, l'un des parents de sa mère. Elle parle avec estime de cet homme qui était savant, philosophe et bon. Ils discouraient et étudiaient ensemble ; son parent lui prêtait des livres. Les jours où elle les lui rapportait, elle s'en venait par le Jardin du Roi, aujourd'hui le Jardin des Plantes, qu'elle aimait tant, et où elle faisait ces pensives promenades d'hiver que lui rappelaient plus tard, avec tant de charmes, les vers de Thompson qu'elle traduisait ainsi (*Mémoires*) :

« Salut, tristesses qui me ressemblent, horreurs qui me conviennent, salut ! Bien souvent, je me suis plu à errer dans vos sauvages domaines, à fouler les neiges virginales et pures, moi-même aussi pure qu'elles, etc., etc. »

Madame Roland parle, en décrivant l'habitation de son parent, de jardins qui descendaient jusqu'à la Seine, et d'un cèdre, arbre rare alors, qui se trouvait au milieu d'un parterre. — On voit encore un cèdre dans le jardin de la maison dite le Petit-Château, et la grille de ce jardin touche la berge. Est-ce donc là que venait la belle et studieuse Marie ?

Mais laissons là le passé qui ne revient pas, a dit le brigadier de Nadaud ; aussi bien Bercy, le Bercy actuel, est lui-même menacé de ruine, va finir. Quand, en 1860, un décret réunit à Paris l'ancienne banlieue enclavée dans l'intérieur des fortifications, une grande question se présenta. Le commerce des vins et spiritueux jouissait, dans toutes les communes et parties de communes annexées, de la faculté d'entrepôt, c'est-à-dire de la faculté d'emmagasiner des boissons soumises aux droits de régie et d'octroi, sans les acquitter avant le moment de l'enlèvement et de la vente pour l'intérieur de Paris ou autres lieux.

Allait-on réclamer ces droits énormes sur des quantités énormes de liquides, ou bien laisser les choses dans l'état où on les trouvait ? Placée entre ces deux partis également impraticables, le premier surtout, l'administration des Contributions indirectes adopta un compromis : elle prorogea la faculté d'entrepôt pour dix ans, jusqu'en 1870, tout en rendant son contrôle plus actif et plus fréquent. C'est donc pendant quatre ans encore que Bercy demeurera tel qu'il est, à moins qu'une décision prise en haut lieu, et qui se fait trop attendre, ne précipite la crise et ne la termine. Alors que deviendra Bercy ? Va-t-on le ceindre de murs et de grilles, en faire un entrepôt comme l'entrepôt du Jardin des Plantes ? C'est probable, mais ce n'est pas certain. Va-t-on diminuer l'espace occupé maintenant par le commerce des vins ? va-t-on, au contraire, l'agrandir des terrains vastes, non ou peu bâtis, qui s'étendent entre les anciens magasins et le boulevard Mazas ?

Questions graves et qui pèsent de plus en plus sur le commerce de Bercy, qui gênent les transactions, les spéculations à longue vue, qui mettent trop de lenteur dans les affaires de certaines maisons, trop de précipitation dans d'autres ! Il est temps, grand temps, que l'on sache à quoi s'en tenir ; il est facile de comprendre l'impatience des intéressés, car la moindre conséquence de ce changement, qui apparaisse au loin, claire, indubitable, c'est un énorme déplacement de fortunes. La ville de Paris achète tous les jours dans Bercy; la majeure partie des terrains dont la Société dite Civile était propriétaire lui appartient. Il semble donc assuré que Bercy deviendra peu à peu un second Entrepôt , plus vaste et plus riche en marchandises que l'ancien ; les gros négociants se tireront bien d'affaire ; les petits, qui peuvent plus facilement encore déplacer le centre de leurs opérations, gagneront peut-être au change ; les intérêts d'argent seront saufs, il nous plaît à le croire.

Mais vous, qui portez la blouse, la cotte et le tablier, travailleurs de toutes sortes, tonneliers, hommes d'équipe, fils joyeux de la Bourgogne et de la Loire, c'est vous qui ne retrouverez plus le Bercy que vous avez encore et que vous aimez. L'octroi dressera ses bureaux de chaque côté des quelques sorties ménagées dans la ceinture de fer tressée autour de Bercy-Entrepôt; vous ne pourrez plus emporter avec vous, après la journée, cette bouteille ou ce *pichet de vin* que le négociant vous donne, mais que le fisc municipal ne vous tolérera pas ; ce litre béni qui apporte au logis la santé , le bien-être, rend meilleur l'unique repas fait en famille et réjouit la soirée. Vos magasins sombres, mais où la saine lumière du ciel pénètre cependant, tomberont; on abattra vos beaux tilleuls, vos marronniers, vos platanes. Au lieu de travailler sous leur ombre, vous travaillerez, à la lueur tremblante des chandelles, au fond de caves où le soleil ne descendra jamais. De larges voies pavées supprimeront vos cours étroites, vos couloirs où les haquets se meuvent difficilement, où souvent ils ne sauraient venir, mais où vous êtes en famille, côte à côte, où vous chantez, mangez ensemble. Dans les rues tortueuses et noires de nos pères, on voisinait, on bavardait le soir devant la porte, on vivait les uns avec les autres, par suite un peu les uns pour les autres; on s'aimait. Depuis que M. Haussmann et ses imitateurs empressés éventrent Paris et les grandes villes des provinces, il n'en est plus ainsi : on ne fait pas la conversation d'un côté de boulevard à l'autre; on s'isole, on vit pour soi, ennuyeux, ennuyé.

Les négociants eux-mêmes regretteront le temps présent, sans qu'ils s'en doutent. Après la transformation de Bercy, je veux bien que leur bourse demeure aussi lourde, se remplisse aussi vite : il leur manquera bien des choses dont ils se sont fait habitude. La carafe sera supprimée, les repas au restaurant deviendront chers : on sera moins prodigue d'invitations aux clients et amis ; on mangera par maison, en des bureaux construits le long des rues intérieures, comme à l'Entrepôt ; on se rencontrera moins, on se jalousera plus. Les Marronniers, les Peupliers, le Cercle, le Rocher, le Sapeur, descendront leurs pancartes avenantes, leurs billards ne rouleront plus, les petites dames oublieront le chemin à elles si connu de leur perron, le champagne de leurs cabinets. Bercy, la ville commerçante, affairée, avide, mais la ville gaie, bachique, large, ne sera plus que la ville du lucre et de l'argent, ou plutôt Bercy sera mort et ne renaîtra plus jamais.

X...

Hôte du lieu.

Paris. — Typ. Walder, rue Bonaparte, 44.